JN440619

슬프다, 사랑한다는 거

안연옥 시집 슬프다, 사랑한다는 거

1판 1쇄 펴낸날 2021년 11월 30일
지은이 안연옥
발행처 (재)공주문화재단
펴낸이 이재무
책임편집 박은정
편집디자인 민성돈, 장덕진
펴낸곳 (주)천년의시작
등록번호 제301-2012-033호
등록일자 2006년 1월 10일
주소 (03132) 서울시 종로구 삼일대로32길 36 운현신화타워 502호
전화 02-723-8668
팩스 02-723-8630
홈페이지 www.poempoem.com
이메일 poemsijak@hanmail.net

ISBN 978-89-6021-595-5 03810

값 10,000원

*이 본 도서는 (재)공주문화재단(대표이사: 문옥배) 사업비로 제작되었으며, 「2021 공주 신진문학인」 선정 작품집입니다.

슬프다, 사랑한다는 거

안연옥

천년의 시작

시인의 말

시집을 내면서 시를 꼼꼼히 들여다보니 오래된 시들이 늙어 있었다.

화단 가득 온갖 꽃들이 피고 지고 하는 것은 식물들이 늙느라 그러는구나, 했지만

시어들이 늙는 것은 몰랐던 거다.

연잎밥을 만들고 떡을 찌면서 내 노화도 야금야금 진행 중이다.

세이지를 화단 가득 꺾꽂이해서 심었다, 신통하게 잘 자라서 푸른빛 늠름하다.

해설문을 써 주신 나태주 선생님 고맙습니다.

시집이 세상에 태어날 수 있도록 힘써 주신 공주문화재단께도 감사한다.

차 례

제2부

제3부

제4부

해 설

제1부

잔기지 떡

비가 내리는 밤 밖의 차가움이 마루에 들여놓은 나뭇잎 까므르 움츠리고 있을 때 가장 젊은 이 시간에 당신의 이야기를 듣습니다 그렇게 많은 날을 노래하면서 어리석게도 자기 노래를 잊었다는 것이 뭔지 모르게 당신을 슬픈 눈으로 보게 되는 것은 무슨 조화인지 모르겠습니다 나도 내 노래를 잊고 살면서 왜 당신의 노래만 잊었다는 것을 기억하는지요 목에서 나는 가랑가랑한 소리에 신경이 거슬리고 손등에 난 사마귀를 손톱으로 긁어 꺼스렁이를 만들면서 당신의 뽀얀 손등을 내려다봅니다 손이 뽀얀 당신은 연애하고 나는 영화처럼 그 사람을 바라봅니다 어제보다 조금 더 늙은 오늘 참 들큼 쌉쌀한 날입니다 오늘에 막걸리를 넣고 35℃ 온도에 부풀려 보려 합니다 괜찮겠지요?

두런두런

사람을 표현하는 말
건달 넝마주이 사라지는 말
사라지는 인연도 있어요
가랑비가 땅속으로 스며들 듯
그렇게요
나는요
나를 모르는 숲에서 상수리나무와 살고 싶어요
가끔
상수리떡을 커피와 마시며요
언어의 뿌리가 상수리나무 뿌리처럼 깊어질 때
이야기하듯 시를 쓰면서요
어제는 나무둥치를 보며 울기도 했어요
발이 땅에 닿지 않아서요
난 상수리나무와 살고 싶어요
얼마나 좋아요 아침이면 피톤치드를 마실 수 있고요
나에게 붙어사는 곰팡이나 해충을
쫓아내 주고요
그리고 밤새 중얼중얼 이야기하면서요

꼬리떡

어느 날부터 파리 한 마리가 내 방에 들어와 살고 있다 가족은 어디에 버리고 왔는지 혼자서 외롭다고 앵앵거리며 때로는 어린애 같은 소리를 내면서 내 발밑으로 내 머리맡으로 왔다 갔다 한다 한때는 식구가 우글우글하는 곳에서 깔깔거리며 살다가 혼자 심심해하면서 나에게 빌붙어 사는 11월 지금 때때로 나에게 말을 거는 너를 모르는 체 돌아눕는다 돌아보라고 머리카락을 툭툭 건드리지만 모르는 체한다 네가 하는 일을 대수롭지 않게 생각하고 벌들이 꽃가루를 훔쳐 가는 것을 더 대단하다고 생각하는 것에 슬그머니 화를 내는 나다 꽃가루도 꿀도 훔쳐 가지 않는 너희들을 무시한다 더럽다고 무시한다 무슨 일을 하는지 알려고 하지 않고 벌들이 하지 못하는 일을 하는 것을 전혀 모른다 망고의 수정도 양파의 수정도 너희가 한다는 것을 나는 안다 그 고생을 하고 늙어 있는 너는 가족들 다 잃고 이렇게 추운 겨울에 수정할 꽃도 없는 내 방에서 나와 같이 꿈속에서 꼬리떡이나 빚자고 내가 꼬드긴다

느티떡

초여름에 핀다 얇은 잎들은 비단처럼
부드럽다 어떤 날은 쌀쌀하고
어떤 날은 뜨겁다 바람이 슬쩍 내 앞을
스치고 지나가면 나의 초록은
내 눈을 열리게 한다

여인이 후드득 내 잎을 훑어
한 잎씩 다듬는 손이 가냘프다
흰 가루와 섞어진 느티 잎은
배착지근한 고물의 뽀얀 포근함에
가슴이 가라앉는다
초록으로 남아 부드럽게
지나는 바람을 부른다
바람아
느티떡 한 덩이 삼켜 볼래

구름떡

너무 많은 구름을 담아서 가슴이 부풀어 오를 때가 있다
아침에 일어나서 개들의 뒤처리를 하고
화단의 꽃들을 정리하고 잔디밭의 잡풀도 뽑고
하루의 그림을 조절한다
팥을 담가 떫은 물을 빼고 3시간 푹 삶아서
체에 걸러 팥앙금을 가라앉힌다
내 마음도 팥 앙금처럼 물에 가라앉힌다
가라앉히기만 하는 것이 아니다
수분을 날려 보슬보슬하게 붉은 구름을 만든다
이별 때문에 가슴이 보슬보슬해졌다

달콤하게 잊느라 하얗게 된 찹쌀가루를
뜨거운 김이 오르게 쪄 낸다
푸른 하늘에 떠 있는 것이 아니라
흰 하늘에 붉은 구름이 떠 있다
달달하다
아리고 아프다

매화꽃떡

눈이 매화꽃처럼 날리는 날
나는 정지산 언덕에서 혼자 눈 속에 있었다
보고 싶은 사람은 다른 사람과 같이 있다
여리고 여린 그 사람을 아프게 한 나에게 폭포 같은
말을 쏟아 내며
머리끝에서 발끝까지 아리다고 했다
잠 못 드는 날은 늘어 가고

나에게는
아무렇지도 않으며 그에게만 죄책감이 든다는 매화꽃은
향기를 감추려 하지 않고 내 발밑으로 쏟아 냈다

그래도
그를 위해
흰 떡에 매화 붉은 꽃잎을 붙이고
푸른 입술 같은 돌나물 잎을 붙인다
봄바람이 목을 간질이면
푸르도록 흰 접시에 매화꽃떡을 담아
서느러운 창가 옆으로
매화 꽃잎 띄운 차 한 잔과 찻상을 차릴 것이다

구선왕도고

잘 가라 또 다른 나여
거기서는 거짓도 없이 또 버림도 없이
아슬아슬하지도 않게 그러기를
나에게 떨어져도 행복한
너무 당연한 빛으로 떨어져 뒹구는
가을 내내 바람이 불면 온통 바스러져
내 발아래 부서진 바람에 밟히면서
변덕스럽던 나여
하루는 사랑하고
다음 날은 이별하면서
낙엽 향기로 밟히는 구선왕도고
몇 번씩 손바닥으로 비벼져 만들어진 너를
가슴이 아파도 너를 먹고
나를 보고 내가 놀랐을 때도 너를 먹는다

화전

진달래, 잎 지는 넓은 잎 작은 키 나무다 밑동에서 줄기가 여러 개 갈라지거나 뿌리에서 줄기가 여러 개 올라와 비스듬히 자라고 비스듬히 뻗어 전체가 둥그스름해지는 작은 나무다 곁눈에서 한 꽃에 암술과 수술이 함께 나오는데 암술은 한 개 수술은 열 개다 꽃부리는 다섯 갈래 그래서 사랑을 찾으러 다니지 않아도 된다 바람이 잠시 쉬는 야트막한 야산에서 살고 있다

잎이 가지에 어긋나게 달리며 가지 끝에는 꽃이 뭉쳐서 달린다 끝이 뾰족하거나 점점 뾰족해지는 긴 타원형이며 가장자리가 밋밋하다 앞면에는 비늘 조각이 조금 있고 뒷면에는 많다 그래서 나는 까칠하다 하지만 아름다운 연분홍 꽃으로 핀다

찹쌀 반죽을 동글납작하게 만들어 한쪽 면이 맑으러미 익으면 뒤집어 살포시 분홍빛 내가 얹히고 아랫면이 노릇노릇해지면 뒤집어 살짝 익힌다 뜨거움에 소스라치지만 이내 뜨거움을 사랑한다

팥시루떡

20프로의 수분쯤 될 거 같은 하루다
달콤함은 몇 프로면 될까?
나의 일상의 달콤함은
10프로면 만족이다
50프로면 너무 달고
100프로면
진저리쳐진다
나는 10프로의 달콤함을 사랑한다
토요일 아침에 늦잠 자고 싶은 마음이
그렇다
나의 일상
팥시루떡이다

눈

조용하다
눈과 눈 사이의 공기층으로
함박눈이 조용히 내린다
어깨에 떨어지는 소리가
사락사락한다
샤갈의 마을이 이랬을까?

공기층 사이에
나를 가둔다
눈과 같이 떨어져
조용히 쌓이도록
버려둔다

어두운 밤인데
대낮 같다
흰 떡가루
막 쪄 낸 백설기 같다

개피떡

내 등은 구부정하고
아버지 어깨도
구부정했다

허리 좀
펴고 살라고
말들을 한다

아버지 어깨는
겸손해서
구부정하고

내 등은
세상에 타협하느라
구부정하다

증강현실

소래포구에는 현실이 아닌 가상만 있었다 바다도 없고 파도도 없이 짠 냄새만 무성히 거리를 배회했다 발에 걸리던 빛들과 깨져서 소리 내는 소주병으로 뒤뚱거리고 집도 모르는 사람들이 어둠을 나뭇잎처럼 흔들며 왁자했다

게 튀김을 오물거리며 어둠 속으로 사라지는 그림자들을 뒤따르며 어떤 이들은 행복감으로 목젖이 보이게 웃고 어떤 이들은 안타까움으로 밤을 지새우며 연인들의 이야기 속으로 들어가서 소주를 목에 털어 넣었다 목을 타고 가슴으로 사르르 스며들던 안타깝던 내 젊음은 막힌 골목에서 더 넓은 바다로 이어지는 길을 찾지 못하고 꿈으로 이어지던 길이 하루 지난 설기떡같이 노화가 시작되고 있었다

알라딘과 알프람정

어제는 밤새 단란 주점에서 술을 마시고 새벽에 들어오면서 거짓말도 했다

애인은 또 잠자지 않고 헤어짐을 연구했으리라 몇 개의 다리를 건너오면서 단단한 나의 옷을 벗기고도 싶었으리라 크레졸 냄새 가득한 곳에서 빠져나와 누군가의 호주머니 속으로 들어갔다가 또 어디론가 가야 할 것이다 매일 다른 아침을 맞는다 어제는 자전거를 타고 애인을 만나러 갔었다 애인은 위장 장애 때문에 잠시 여행을 떠났다고 했다 애인이 없으니 심심했다 거짓말을 해도 재미가 없다 누군가가 내 몸을 문지르며 주문을 외웠으면 하는데 사람들은 주문을 잃어버렸는지 안개 같은 현실에서 마 뿌리만 다듬고 있다 내일 태풍이 온다고 한다 애인을 찾아야 한다 찾아서 알프람정 대신 서여향병* 떡을 먹이고 재워야 하므로 바람 속에 내가 서 있다

* 서여향병: 마로 만든 떡.

두텁떡

두텁떡을 만들기 위해 바다로 갔다
바다에서 너의 향기를 파도에서 건지며
달콤함에 눈물이 났다
또 다른 나의 팔짱을 끼고
해변으로 유자밭으로 걸어가다가
가시에 찔려 눈물 흘리는 어린 소녀를 만났다
소녀는 청빛 도는 하얀 얼굴을 가지고 있었다
소녀에게 떡이 되자고 꼬드겼다
오랫동안
바다의 냄새를 유자 향이라 믿으며
소녀의 젖가슴에 코를 묻었다
팔고물에서 유자 향이 난다

제2부

코로나 19

어머니는 손등을 데인 손으로
내 손을 잡고
물안주 고개를 넘었다
겨울은 얼었고
녹다 만 눈이 바위에 걸쳐
고드름이 됐다
어머니는
하얀 고무신 신은 발로 바닥의
얼음을 녹이며
나를 걷게 했다
다리가 바드득 떨리고
아슬아슬했던 눈길
그때의 어머니보다
더 늙어 버린 내가
코로나 19의
미끄러운 현실이 두려워
오금 저리게 떨고 있다

코로나

저거 봐 갈매기는 처음만 날갯짓하지
하늘에 떠 있을 때는 바람에 날개를 맡기잖어
갈매기처럼 마음을 맡겨 봐 조급하면 추락할 수 있어
갈매기 날개처럼 자연스럽게 바람을 이용해 봐
사람만 자연스럽지 않게 사랑을 해
저거 봐
끊임없이 먹이와 사랑을 찾아
짝이 아니니까 거리 두기를 하지
사람이 가장 이기적인 것 같어
자기만 사랑하고 자기만 갖고
갈매기는 자연에 맡기잖어

누님 있지요
봄에 아련하게 꽃을 피우는 나무요
둥치가 하나인데요. 위로 둥글게 나무가 커요
하얀 꽃이 눈이 부시게 펴요

소년의 눈이 갈매기처럼 하늘을 날며
입에 풀잎을 물고 있었다
영화처럼

첫날

꽃잎 벌어지는 소리가 들리는 듯한 아침이다 차가운 바람이 얼굴에 부딪히는 소리가 유난히 크게 들리는 새벽 아득해지는 생각 오랜만에 출근하는 사람이 두근거리며 대문을 나서고 새벽의 비릿한 흐림이 가방 멘 어깨를 흔들려 보이게 하는 참 오랫동안 볼 수 없었던 모습 대문 밖까지 따라 나가며 바람이 잘 다녀오라고 어깨를 털어 준다 블랙아이스 로드처럼 선을 볼 수 없게 어두웠던 날들 꿋꿋하게 입을 다물던 하루가 조금 입을 벌리고 웃을락 말락 한다 하얀 비늘 같은 눈발이 발등을 덮어도 출근하는 마음을 덮지 못한 듯 발걸음이 사뿐하다

돈 넋두리

손가락이 불편하다 엄지와 검지를 이용하여 동그라미를 만들려 하는데 만들어지지 않는다 중지를 이용하여 만들려 해도 안 된다 조화 속이다 손바닥 어딘가의 실핏줄이 눌렸던지 마음의 병으로 동그라미가 그려지지 않든지 아니면 애초에 내 손가락은 동그라미를 그릴 수 없는 것인지도 모른다 나무는 몸으로 동그라미를 그리는데 내 동그라미는 손가락으로도 만들 수 없으니 나의 내일이 한심하다

창벽

오랫동안
푸르게 홀로 서 있었던 너를 사랑하면서
여름은
뜨거움에 몸살을 앓는다

초록 물감이 뚝뚝 떨어질 것 같은 너를
서거정은
중국에는 적벽이 있지만
조선에는
창벽이 있다라고 했다더라
얼마나 푸르렀으면
이름이
창벽蒼壁였겠느냐

너를 바라보면서
강변에 한없이 앉아
기다리는 여름을
알고나 푸르게 서 있느냐
창벽아!

여름은 너를 안아 보고 싶어

네 앞에 서 있다
한 번도 살 부비며
너를 안아 본 적 없으면서
불경하게도
푸른 너를
여름은
안았다가 놓았다가를 반복한다

드렁허리

머리를 빗겨 주는 잘생긴 아버지의 이야기를 듣고 자랐다 나의 겉모습은 할머니의 소원대로 남자아이로 키워졌다 색동저고리 남색 조끼 고리바지를 입혀서 아버지 아들 잘났다는 소리를 들으며 자랐다 나 태어나던 날 아버지는 외출해 돌아오다 고추 달린 탯줄을 보고 기뻐했고 할머니는 숨길 수 없이 손녀임을 밝혔다 낫으로 끊겨 나가던 고추 달린 탯줄에 내 유아 시절도 끊겨 나갔다 거칠 것 없이 살아온 것이 아니라 항상 목을 다리 사이로 묻어 놓고 쓸쓸한 등만 보이며 살았다 하지만 나이가 들면서 조금씩 키가 크고 몸이 굵어지면서 미끈한 몸매를 가지고 눈이 깊어지는 차츰 아름다움을 동경하는 까탈스러운 여인으로 변했다 드렁허리처럼 남자로 성별이 변하는 것이 아니라 남자에서 여자로 변해 가고 있었다

그 여름

마당가에 청보리가 넘실거리게 할 거라던
목화를 심어 푸르디푸른 목화꽃을 보고
가을이면 달빛 흐르는 창가에 목화송이를
널어 말리며
구절초를 무리 지어 피우고
감나무를 심어
늦가을 붉은 홍시가
마당으로 떨어지는 것을 보며 살 거라던
모든
아픔까지도 아름답게 느끼게 했던
작은 원두막 집 풀 같은 사람
그 사람을
만났었다

막막하지 않다

진 빚 때문에 뒤척이는 새벽 불 없는 방에서 밖을 내다보면 거기 캄캄함이 서 있다 서리가 내리는지 끙얼거리는 강아지 소리 어머니는 헌것이 있어야 새것도 있다시며 제발 빚지고 살지 말라고 헛소리를 하시며 돌아눕는다 어떻게 하나 떨어져 바닥에 구르는 배롱나무 껍질 같은 한숨 연신 클랙슨을 울려대는 낯설게 썰렁한 새벽 어떤 일을 시작할 수 없는 내일 같은 내가 거기 어둠 속에 서 있다

새의 하루

새 한 마리가 있습니다 아침이면 모과나무에 내려앉는 모과나무에 살고 있는 것도 아닌 그러면서 오르락내리락 사는 유심히 보면 푸두둥 날아올라 어디론지 가는 듯합니다 그러나 가는 것이 아닙니다 물 감독 몰래 물고를 확 열어 두고 물보다 먼저 내려오다 보면 포르릉포르릉 나뭇가지로 오르내리는 것이 보입니다 그는 내가 없는 빈 마당에서 하루치의 양식을 주워 가면서 물이 내려와 논으로 들어가서 고이다 말고 쥐구멍으로 새 나가는 것을 보며 재미있어 했을지도 모릅니다 이제 쥐구멍도 막았으니 연밭으로 물이 출렁 고일 겁니다 그러면 연잎들이 신이 나서 물 위로 올라와 고구마잎들과 눈맞춤을 할 겁니다 텃밭 모퉁이 작은 오이밭 그 옆으로 모이를 한 줌씩 놓으려 합니다 그는 하루치 양식을 얻어 가고 나는 그를 하루에 한 번씩 만나기 위해서

카톡

노란 꽃이 화단 가득 피었다
꽃이 몇 송이 피었는지
매일 아침 창밖으로 목을 길게 내밀고
눈물겹게 꽃송이를 헤아려 본다
그렇다 어제는 붓꽃을 헤아리고
오늘은 내 마음을 헤아린다
바닥에 굴러떨어지지도 못하는 노란 붓꽃
지지 못하는 니가 때로는 눈물겹지만
나는 장화를 신고 연밭으로 들어간다
연잎을 따기 위해서

청동거울 1

논두렁을 돌아보다 어룽거리는 청동거울 속에 서 있음을 본다 천 몇백 년 전 장군 같은 지아비와 살고 있었다 차를 즐겨 마시는 부족이었다 서역국의 꽃밭 같은 정원에서 때때로 꽃을 가꾸는 그런 이였다 박물관 진열대에 놓인 청동거울을 봐도 기억되지 않는 일들이 논에서 일을 할 때도 기억되지 않는 일들이 먼 곳에서 아직 벼 이삭이 패기 전 가끔 어룽거리는 논물을 볼 때 가슴 시리게 기억되는 전생의 인연 칼과 창이 부딪히는 소리가 귀청을 찢어지게 했다 꽃잎이 떨어진다 흰빛인지 붉은빛인지는 모르겠지만 애절히 서서 울고 있는 내가 보인다 바람이 분다 꽃잎이 날린다 거리에 사람이 넘친다 붉고 푸르고 노랑머리의 이천 년 헤어 패션이 거리를 유리거울 속을 누빈다 어린 벼들 같다 넘실거리고 싶다 그들이 지나며 내 몸에 얼굴을 비춰 보고 간다

청동거울 2

안개처럼 희미한 거울 속에서 남루한 한 여인을 만났다 몇 만 리를 걸어왔는지 발바닥은 찢어져 피가 엉겨 붙어 있고 이마에 흐트러진 머리카락 쓸어 올릴 힘도 없는지 손이 무겁고 눈빛 청청하다 서점에서 책을 뒤적이며 거울 속의 여인을 찾는다 고려인에서도 아니고 조선 여인은 더더욱 아니다 어디서 본 듯한 그 여인 바람 부는 길 척박한 땅을 밟고 서 있는 그 여인이 애절히 운다 오장을 긁어내는 듯 거울 밖의 내가 따라 운다 영문도 모르고 운다 보리쌀을 씻어 초벌을 삶아 내고 다시 잦히기를 하듯이 찬찬히 내 울음소리를 내가 듣는다

청동거울 3

내가 들이밀었던 모든 시선이 길바닥으로 왈칵 쏟아지고 있었다 잊혀진 곳에서 온 듯한 눈빛과 누구의 몸을 빌려 났는지? 청동거울 속에 비치던 그 얼굴 그 사람은 소년이 아니었다 전쟁터에서 돌아온 피곤한 청년이었다 왜 여기에 짧은 바지와 배꼽티 조리를 신은 여기에 당신이 있는지? 몇 세기가 지난 지금 당신은 변성기를 맞은 소년으로 내 카메라 앞에 서 있다

앞서 돌아가는 놀이기구들 당신 세대가 좋아하는 빠른 템포의 노래 카메라를 들이미는 나를 이상한 듯 빤히 돌아보는 눈빛 칸나 꽃이다 칸나 꽃

여섯 시 삼십 분

그 시간에 서울 가는 버스를 탄다고 했지
너를 기다리며 커피도 한잔 마시고
시집도 한 권 읽고 글씨 갈피마다에서
너의 웃음을 끄집어낸다 한 가닥씩
바람이 선들 부는 파밭을 걸어오며
너에게 보여 줄 사진을 찍는다
버려진 자전거도
지다가 수술에 걸린 철쭉 한 송이도
모두가 아픈 모습이지만
아름답다 여섯 시 삼십 분 지금은

그늘

다슬기를 입 작은 병에 넣었다
숨이 막히는지 흡입판을 이용해
병 주둥이까지 올라왔다 떨어졌다
얼마나 치열한지 잠시도 눈을 뗄 수가 없다
어느 순간 다슬기는 병 바닥으로 내려가 나처럼
죽은 척 엎드려 있었다
해가 지고 있는데도 불구하고

연근

적도에 가까운 여기 태국은 너보다 더 뜨겁다 흙보다 부드러운 모래를 밟으며 희디흰 조개껍데기를 손바닥에 올려놓고 네 발목을 생각한다 한 번도 발을 본 적도 보려고 고개를 돌린 적도 없다 수없이 걸었던 그 길목들 어둡고 그늘졌던 골목에서 올 수 없는 너를 그리며 작은 햇살로 목말라하던 내가 잠깐씩 너를 잊기도 하면서 너의 발목은 희기도 희리라 적도에 가까이 있는 이 태국의 바닷가에서 너 닮은 짙푸른 잎들 또 다른 너를 만난다 가지 마라 아름다운 현재의 푸름아

감

나는 떫은 감이다
푸른빛이 없어졌는데도
아직도 탱탱하게 긴장을 유지해야 하고
나무에서 떨어져야 익을 수도 있으련만
밑에는 풀도 없고 깨지는 것은 싫어서
잠든 척 눈 감고 있다

제3부

이별 통보

며칠째 비가 내리고 그 집의 문은 굳게 닫혀 있었다 아마 여행을 떠났는지도 모르겠다 문틈으로 정원을 들여다보니 작년 여름에 피었던 에나멜 수국이 누렇게 퇴색되어 있고 소래포구 바람은 수국 옆에서 엉거주춤 넋인 양 흔들리고 있었다 한 백 년쯤 못 본 거 같은 그 집주인은 어딘가에서 내가 모르는 사람과 머리를 맞대고 북엇국에 소주를 마시고 있을지 모른다

장마

사람들은 헤어짐을 슬픔이라 해
그러나 그렇지 않아
그것은 시작이자 또 다른 만남이기도 하다고 믿어
그는 내가 떠날 때 울었어
하염없이 울고 또 울었는데
어떤 것도 그 울음을 멈추게 할 수는 없었어
떠나는 두려움과 새로운 흥분 때문에 그의
아픔을 헤아릴 여유가 없었지
층계가 있는 지하도를 오르내리며
때로는 웃기도 하고 때로는
많은 사람을 만나기도 했어
층계 틈으로 삐져나온 어린 풀의 앙증맞은 꽃을 보면서
잠깐씩 넋을 놓기도 했지만
그렇다고 아무 생각 없이 살아온 것은 아니야!
일을 사랑해서 개미처럼 일했어
어느 날
바람이 불던 날 머리가 헝클어져
쓸어 올리다 흐린 하늘을 볼 수 있었어
아주 오래전에 울고 있던 그를 만났어 아무 표정 없이 나를
내려다보고 있는 눈빛이
참 눅눅했어

내일은 없다

공휴일 구청 층계에 앉아 자판기 커피를 마신다
비가 내려 우중충한 주차장을 내려다보며
내일에 대해 말하지 않았다
그는 가끔 손톱을 물어뜯으며
혼잣말처럼 중얼거린다
사랑한다는 것이 이렇게
어깨의 힘을 잃게 하는 것인지
우산을 접었다가 다시 편다
보슬비가 내려서

너를 돌아보는 것이

돌아볼수록 너의 눈빛은
싱그러운 푸른 바람이다
얼핏 너를 만나고 돌아오면서 강물을 보았다
내리흐르기만 하는 강이
밑바닥에 숨죽이고 있던 감정이 되어
너를 향해 거슬러 오르고 있었다
찬비를 맞았을 때처럼 오소소 소름이 돋는다
병이다
앓고 나면 불구가 될 수도 있고

모과꽃

내가 처참하게 무너졌을 때
너를 만났다
발끝으로 전해 오는 향기가 참 좋다
내일은 어떻게 만날까?
하늘을 올려다보면 반쪽의 평화만 있는데
가슴속으로 습기처럼 스며든다
보고 싶다는 말이
너의 볼에 입술을 부비며 절망한다
사랑하므로

내가 돌아섰을 때

그때는 너무 늦을걸
눈 녹은 산에 눈 보러 가는 거나
꽃 진 뒤 꽃놀이 가는 거나
그렇게 그렇게
내가 돌아섰을 때
눈 흘겨도 춤을 춰도 소용없을걸
돌아보지 않을 테니까

박살미*

이불 속에 발을 넣고 재잘재잘 얘기하다
무엇인지 모를 것에 화가 나서
나쁜 자식 나쁜 자식 하며 집에 갈 거라고 소리소리 지르며
논길을 담방담방 뛰어
목화밭도 지나고
드문드문 메밀꽃이 피어 있는 메밀밭도 지났다
지금은 죽은 재식이 오빠가 성큼성큼 뛰어와
작은 나를 들어 올려 메고는
왔던 길 되돌아갈 때
집에 갈 거라고 악을 쓰고 울었다
돌아가 보고 싶다
한 번쯤 미안하다는 말을 하고 싶다 그에게

* 박살미: 논산시 상월면에 있는 마을.

불장난

국어사전에 이렇게 쓰여 있지!

불장난—1. 불을 가지고 노는 일 2. 위험한 일을 비유하여 이르는 말

(남녀 간의 무분별한 연애나, 정사 따위를 이름)

3. 전쟁을 도발하는 행위

검정 돔방치마를 입은 소녀가 있었지
커다란 집 가리도 있었고
회초리의 따끔함과 고집스럽게 울던 울음소리도 들었다
절대로 켜질 것 같지 않은 누진 성냥통에 성냥골을 부딪쳐
칙칙 소리를 듣느라 자꾸 켰다
어느 순간 성냥골에 불이 붙고
소녀는 손이 뜨거워 성냥골을 던지고
작은 불씨는 자꾸 큰 불꽃으로 번지고
소녀는 울지도 못하고 불꽃을 손으로 잡기 시작했다
불꽃을 잡을 때마다 회초리 든 어머니 얼굴이 떠오르고
아버지가 보고 싶었다
논둑 위에 서 있는 미루나무의 앙상한 가지에 바람이 인다
소녀의 돔방치마에 불꽃이 일고
땅이 뒤집히고 있었다

살모사

아버지는 풀숲에 까치독사가 있다고
물 주전자 든 나를 손짓으로
산에서 내려가라 내려가라 하셨지!
허둥허둥 세상으로 내려가는
내 발밑에 살모사 우글거리는 거
모르셨을 거야

수리취

어느 고독한 노승이 토해 놓은 그리움처럼
바닥에 낮게 엎드려 피어난 수리취

허기짐과 때 절은 기억 충직한 바둑이는 명가*를 따 먹고
나는 낮게 매달린 까만 버찌를 따 먹는다

앞치마엔
한 잎 두 잎 따 모은 햇살 같은 수리취
가득하고
돌아오는 내 가슴엔 삘기 꽃이 만발하다

* 명가: 청미래 열매.

슬프다, 사랑한다는 거

어둑어둑한 새벽에
삽으로 밭을 일군다
아무 생각 없이 발에 힘을 주어 푹푹 일군다
삽에 묻어 있는 흙을 털다가 지렁이 너를 본다
꿈틀거리며 버르적거리는 주르륵 떨어진다 눈물이
반쪽으로 살 수 있으면 살아 봐라
담배를 피울 수 있으면 이런 때
밭둑에 앉아 폐 깊숙이 어둠을 빨아들이고 싶다

보내는 것은 시작이다

날개 부러진 까치를 주워 온 적이 있다
어떻게 하다가 부러졌는지 알 수 없지만
그의 눈빛은 푸르른 살기를 띠고 있었다
다친 날개에 약을 바르고
작은 소리로 노래를 불러 주면서

날개 밑으로 손을 넣어 따뜻한 체온으로 얘기했다
밤이면 창 밑으로 쥐가 살금거리는 소리도 듣고
새벽이면 옥잠화 여린 잎에
이슬 내리는 소리도 같이 들었다
모이를 주면 고개를 갸웃거리며 먹기도 하고 내 주위를
뒤뚱거리며 따라다니기도 했다
푸른 새벽
개도 짖지 않는 새벽에
호박 모가 얼마나 자랐나 보고 있는데
푸드덕하고
제대로 펴지지 않는 날개로
날고 있었다
떨어질 듯 휘청이며 잣나무 가지에 잠시 앉아
나를 돌아봤다

눈빛이 무심하다
잘 가라

신원사 싸리꽃

그늘
먼 진등* 능선을 바라보며 고백을 들은 듯도 하고
풀씨가 날아다니는 것을 보면서
어지러움을 느낀 듯했어
지극히 소설적인 풍경이었지
꺾임쇠가 불안하게 흔들리지만 않았어도
더 오래 어지러워했겠지

* 진등: 논산시 상월면에 있는 능선.

소라게

작은 소라게가 고둥 껍질에서 살다 몸이 커지면
좀 더 큰 껍질로 옮겨 살듯이
내 속에 살던 소라게도
좀 더 나은 쾌적한 집으로 이사했겠지
그렇지 달라진 것은 아무것도 없지
내가 비어 있다는 것뿐

이별

지금의 내 마음이 리좀이다
시작도
끝도 아닌
중앙아시아 중간 지대에서
이렇게 서 있다
원형조차도
없어서 끝도 없다
애정의 문을 열지 마라
거기에 있는 것은
삶이 아니다
열지 않았는데
지금
이별이다

장다리꽃

지금 여기서 헤어지면 다시는 만날 수 없다는
그것은 사실이다
씨방 속에서 서로 눈치 보며 손잡고
눈물 흘리고 까르르 웃는 것은 너와 나를 싸고 있는
껍질이라는 세상이 있기 때문이지
우리보다 늦게 피는 꽃들이 다른 씨방을 만들면
태양이 그냥 두지 않을 거야
다른 세상을 만들기 위해
아무리 있는 힘을 다해 서로 꼭 붙잡고 있어도
씨방이 톡 터지는 날 헤어져서
우리가 원하든 원하지 않든
흙 속에 묻혀 또 다른 삶을 살겠지 아무리 땅 뒤집기를 해도
우리 헤어지면 다시 만날 수 없다는 그것은 사실이다

여름

사랑한다는 건 존재를 꼼꼼히 본다는 것 전혀 몰랐던 사람에게 전율을 느끼고 예고 없이 쏟아지는 소낙비처럼 굶주린 양 마음을 몰아간다 별과 별 사이가 우리가 느끼는 작은 멀음이 아니고 몇 광년이라는데 여름아 너와의 거리는 별과 별 사이보다 더 멀게 느껴지는 저녁이다 오늘 잔디를 깎고 잔디 위에 자리를 펴고 누워 푸른 풀 향기에 젖었다 뇌 속으로 들어온 향기는 너무 멀리 있는 너 때문에 눈물을 흘렸다 마당 가득 검은 하늘이 내려앉는 것에 소스라쳐 하고 여름아 그래도 오늘은 안녕!

제4부

팬지

키 작은 여자가 온종일 종알거리며 이야기를 한다
허리 숙여야 볼 수 있는 여자

추운 겨울 어떻게 지냈는지
맨발로 서 있는 말끔한 눈을 가지고 있는 여자

아무도 말 거는 이 없는데 온종일 방글방글 웃는 여자

볍새울

아버지의 조밭은 모가지가 굵어 팔뚝 같은 조들이 바람에 흔들렸다 어머니의 맨발로 길러지는 조들은 가을이 가까이 올수록 고개를 숙이고 땅을 내려다보며 어느 먼 옛날 목만 겨우 묻혀 있었던 임을 그리듯 고개를 떨구고 익어 가고 있었다 폐결핵으로 오랫동안 등에 식은땀만 흘리고 누워 있던 아버지가 산능선을 개간하기 시작했고 어머니는 메밀주를 담가 아버지의 힘을 보탰다 나무뿌리를 걷어 내고 밭을 일구던 아버지 괭이 끝에 걸려 나온 반쯤 삭아진 해골에서 아버지는 눈물을 보았다고 했다 아무리 주변을 파헤쳐도 팔도 다리도 없이 괭이에 걸린 목만 뎅그러니 나왔다며 누군가 급하게 목만 묻어 놓고 도망치듯 떠났던 바람 같던 사람들의 눈물 같다고 오랫동안 그 밭의 조들은 밤이 되면 스럭스럭 노래를 부르며 자랐고 아버지의 꿈은 젊디젊은 청년이 때때로 인사하는 꿈을 꿨다고 주섬주섬 밤늦게 어머니와 이야기 속에 있었다

보리는 껴럭끼리 부딪히며 바람 소리를 만든다

분명 화초다
그래도 보리는 보리인지
구수한 내음을 풍긴다
하늘을 우러르며 있어야 하건만 백열등 아래
내일도 없이 몇 날이나 살려고 고개를 들고 있니?
가난했던 사람들의 풍요로웠던 눈은 너에게서 멀어진 지
오래고 너 또한 알갱이를 여물게 할 수도 없지 않니?
책장 넘기는 소리가 유난히 크게 들리는 오후
찻집 창가 화병에 꽂혀 있는 네가 가엾어서
눈물이 난다
네 형제들이 모여 사는 곳으로 나를 데려다주지 않을래
무리 지어 부딪치는 소리를 들을 수 있게

사람의 생각

염소를 키운 적이 있다 염소를 강아지처럼 키웠다 뜨거운 태양 아래서 칡잎을 따고 태양이 떠서 이슬이 마르면 또 칡잎을 땄다 맹맹아 부르며 손으로 잎을 먹이고 키웠다 맹맹아 부르면 톡톡 소리를 내며 달려오는 모습이 검은 강아지였다 지금 우리가 부르는 염소는 별칭이고 갑골문이 만들어지던 고대부터 걸(羊)이라 불렸으며 윷놀이의 걸이 염소를 뜻한다고 사전에 쓰여 있다 뒤꼍에 가두어 두어 답답할까 봐 넓은 곳에서 풀을 마음껏 먹으라고 논둑에 매어 놓았다 풀을 마음껏 먹고 피부가 반들반들해졌다 논둑에서도 맹맹아 부르면 작은 키로 펄떡펄떡 뛰면서 좋아했다 꼭 강아지 같았다 어느 날 집으로 돌아오다 논둑에 누워 있는 맹맹이를 보고 맹맹아 하고 불러도 일어서지 않았다 다시 맹맹아 불러도 일어서지도 뛰지도 않았다 풀잎만 힘없이 흔들렸을 뿐

실향민

할머니는 윤보선이 고향에 돌아갈 수 있게 할 거라고
아기 재울 때도 윤보선 윤보선 하며 자장가를 했다
꼭
그렇게 될 거라 했다
어제 잠깐 비워 둔 집 대문 열고 들어가는 것처럼 들어서면
검불랑* 바람이 지키고 있다가 우르르 반길 거라고
그때
할머니 꿈은 집 앞 논두렁에 두렁콩 심을 수 있는 거
지금
할머니 계셨으면 뭐라 하셨을까?
동포들 굶주려 아사했다는 그 소리 들었으면

* 검불랑: 강원도 세포군 원남리에 있는 마을.

소묘

손목에 힘을 빼고 위에서 밑으로 죽죽 줄을 그어 본다
한 선도 제대로 되는 그것이 없다
팔이 시키는 대로 죽 옆으로 그어 본다
그래도 역시 마찬가지다

다른 사람들은 어떻게 하는지 슬며시 훔쳐본다
위에서 밑으로 옆에서 옆으로
위에서 옆으로 곧고 반듯하다
그런데 왜 나는 그리면 그릴수록 번지고 뭉개질까?
제대로 된 형상 하나 없다
발이 시리다 발가락을 꼼지락거려 본다
허리를 구부려 마룻바닥에 발가락을 그린다
약간 남은 저녁 햇살이 얼핏 발등에 비친다
난로에 손을 쪼이듯 햇볕에 손을 쬔다
햇살만큼 보고 싶다

방패연

날아지지 않는다
어디든 상관없이 곤두박질할 것 같다
그렇게 떨어질 것이고
바람은 나를 잊을 것이다

낯선 처마 밑에서 눈물을 손등으로 닦으며
고여지지 않는 바람으로 서 있다
바람이 나를 부풀린다
날고 싶다

흙탕물로 찢기든 나무 가시에 걸리든 사라져 갈 것이다
어떻게 사라지든 그래도 난 방패연이다

미우라 아야꼬 문학관*에서

겹겹이
끼어 입은
옷들을
하나씩 벗어 놓으며
꽃피웠던 날들
기억한다

마음이
나뭇잎처럼
흔들리며
뒤집히던 하루

그녀의
팔이 새 날개처럼
펼쳐지던
어둠침침한 숲의
그늘이
나를 놀라게 하던
오후

* 미우라 아야꼬 문학관: 일본의 여성 작가 문학관.

기도

당신은 창자를 다 보이며 아픔도 잊고
초연히 앉아 있구나
너보다 더 더럽고 징그러운 인간들이
창자 갈피갈피를 뒤적이며
낄낄거리고

하지만 조국이여
당신은 청청한 푸름으로
우리가
만들어지기를 원하는
그런 세상
열어 주기를

뒷걸음치지 말고
한 걸음만
한 걸음만
걸어 주기를

오해 중

내가 보진 않았지만
그 집 신장 위엔 낯선 신이 가지런히 놓여 있고
벗은 발이 이불 속에 빼꼼히 나와 있다
전화벨이 울린다
낯선 발을
향해 쉿 할 거다

용서하지 않는 내가 있다

볕이 좋아 가락국수를 먹었다
한 사람은 국수를 먹으며 텔레비전만 본다
변한다는 것은 발전하는 것이다
눈은 온통 개그콘서트에 가 있고 헛손질로
국수를 먹는다
나는 내 국수 그릇에 얼굴을 묻고
마땅치 않은 세상을 욕설로 퍼먹는다
목이 막힌다
육수를 마시고 멍하니 문밖을 본다
젊은 남녀가 들어가자거니 말자거니 실랑이를 하고 있다
국수는 불어 있고 아직 그 사람은 텔레비전을 보고 있다
다시 밖을 보니 다른 것을 선택했는지 그들은 없고
중국산 빗자루를 파는 할머니가 길을 건너오고 있다
이제 가야지
햇볕이 좋으니까

욕심

거미처럼
끈적이는 그물을 쳐 놓고
아침 이슬 마를 때를 기다리며
사랑하는 너 오기를 기다린다
올 때 기별하고 오렴
그래야 호박오가리 나물이라도 볶아 놓지

봄 그날

그녀의 찬 손이 가슴속으로
지르르 찬기를 느끼게 한다
화들짝 놀라게 하던 그녀
잊어야 한다는 것을 안다
돌아서던 뒷모습
바람이 몹시 불고 춥다
코끝이 에이는 듯하다
모자를 쓰고 목폴라를 턱 위까지 올려 써도
매서운 바람은 막을 수가 없다
가슴속의 찬기는 영하 30도쯤 되는 거 같다

방에 앉아 뜨거운 비지를 해 먹는다
1월의 달력에 있는 데이지꽃 같은
뭉게뭉게 피어난 콩비지를 먹는다
가슴이 조금씩 온기를 느낀다
달력 속의 데이지 때문인지
콩비지 때문인지

원망

닳아진 놋수저처럼 얇아진 가을은
멀어지려
저만큼에서
주춤주춤 뒷걸음질하고
아직도 짙푸른 나뭇잎은
가을의 발뒤꿈치를
툭툭 건드린다
참 야속한 계절이다
이만큼에서 그렇게 이글거렸으면
조금의 미련이라도 남기지
태양은 속절없이 손을 놓는다
하우스 안에서 자란 아욱을 뜯어
된장국을 끓이며 허적거리는 마음을
가라앉힌다
참 야속하다

목탁

나의 소리는 법당
밖으로 나와
물이끼 낀
돌 틈을 돌아 흐른다
너 걸어가는
발걸음 소리에
울컥
멈춰 선다

가난

너를 잡고 있는 것이 나인지
네가 잡고 있는 것인지
갈 듯하면서도 가지 않고
돌아보고 눌러앉는
너 정말
나를 사랑은 하는 거니?

해 설

오래 기다린 향기
—안연옥 시인 첫 시집에 부쳐

나태주(시인, 한국시인협회장)

1.

안연옥은 나에게 참 오래된 이름이고 오래가는 이름이다. 오히려 마음속에 오래 묵은 향기요 오래 지워지지 않는 향기라고나 할까. 내가 공주에 이사 온 것이 1979년인데 그 이후 언제쯤 공주 시내 어디에서 만났거나 문학 모임 비슷한 자리에서 만났을 것이다. 그렇다면 40년이 넘는 세월이다. 이소라라 했던가. 안연옥 씨의 딸아이와 나의 딸아이가 초등학교 동기 동창이었고 단짝 친구이기도 했다. 이래저래 참 오랜 인연이다.

시를 쓴다고 했다. 눈매가 특별했다. 아니, 눈웃음이 곱살했다. 처음 안연옥 씨는 무슨 일을 하는 사람이었던가. 처음엔 공주 시내 옛 거리 골목에 음식점을 했던 것 같다. 젊은 시절 자주 그 집에 들렀다. 끼니때 허기를 채우기도 하려니와 집주인을 만나기 위해서였다. 역시 눈매가 고왔다. 하지만 가끔은 톡톡 쏘는 말에 가시가 들었기도 했다. 아, 이 사람이 좀 특별하구나. 다른 아낙들과는 많이 다르구나, 그런 생각이 있었다.

시를 쓴다고 했다. 〈금강여성문학〉이라는 공주 여성 문인들의 단체에서 첫 동인지를 낼 때 처음 시를 읽었던가. 아니면 공주도서관에서 내는 『금강의 돛』이란 문집에서였던가. 다른 여성 문인들의 시처럼 느실느실하지 않고 꼬질꼬질 메말라 있었다. 보통이 아니다 싶었다. 아, 이 사람! 천성의 시인이구나 싶었다. 시라는 문장은 애당초 습윤濕潤한 문장이 아니고 메마른 문장이다. 그것이 저절로 그래야 한다. 스스로 그런, 자연自然이어야 한다.

하지만 그녀의 삶은 쉽게 잘 풀리지 않는 것 같았다. 음식점 다음에 낸 찻집이 한산해지고 생기를 잃다가 그만 문을 닫고 말았다. 그 뒤로 어찌 되었던가. 그녀의 모습이 공주 시내에서 잘 보이지 않는 날이 길어졌다. 나도 사는 일이 힘겹고 그래서 자주 그녀를 잊고 사는 날이 오래 지속되었다. 그러다가 공주문인협회에서 개최하는 시화전에서 그녀의 작품을 읽고 다시 한번 그녀를 생각하는 기회를 가졌다.

너를 잡고 있는 것이 나인지
네가 잡고 있는 것인지
갈 듯하면서도 가지 않고
돌아보고 눌러앉는
너 정말

나를 사랑은 하는 거니?

—「가난」 전문

가슴이 쿵 하고 울렸다. 아니 무너져 내리는 모래언덕이 있었다. 의인법. 자신에게 눌어붙은 가난이 지겹기도 할 텐데 정다운 이웃처럼 대하는 이 의연함이란 도대체 무엇인가. 그 배짱과 시니컬이 보통이 아니었다. 여성 필자들은 자기의 삶을 미화하거나 과장하는 게 일반적 경향인데 안연옥 씨만은 달랐다. 아, 이 사람을 놓아서는 안 되겠다는 마음이 생긴 것은 그때부터였다.

그로부터 얼마 동안 무슨 일이 있었는지는 잘 모르겠다. 드문드문 모임에서 만나서 가볍게 인사하고 안부를 묻는 날이 오래 이어졌다. 하지만 그녀는 자기의 삶을 충실히 갈무리했고 새로운 시도와 새로운 사업으로 일어서고 있었다. '땅에 넘어진 자 그 땅을 짚고 일어나라.' 나름대로 성공을 거두고 있는 것으로 보였다. 그뿐 아니라 시의 끈도 놓지 않는 것 같았다. 그러한 그녀를 내가 불러내어 공주문인협회 회장의 일도 맡겼다.

그런 뒤에 나오는 시집이 바로 이 시집이다. 그녀로서는 첫 시집. 공주문화재단의 후원. 장한 일이고 고마운 일이다. 멋진 사업이다. 그 흔한 문학 잡지의 추천이나 신인상 당선의 관문마저도 마다하고 그 혼자만의 시 쓰기를 고집해 온 그녀. 고집 센 검정 염소 같은 그녀를 이렇게 불러내어 굴복시키다니! 잘한 일이다. 이 땅에 이런 여성 시인 한 사람 있어서 공주의 하늘이 허전하지 않아서 좋지 않은가.

2.

이번에는 그녀의 시를 좀 더 들여다볼 차례. 가난으로 무너진 그녀가 가난으로 다시 일어섰고 시로써 어두워진 그녀가 시로써 다시 밝아졌다. 무엇보다도 그녀의 시에는 군더더기가 없다는 것이 특징이다. 간결하고 간절하다. 내가 시를 쓰면서 가장 요구했던 희망 사항들이 그녀의 시 안에 다 들어 있음이다.

나의 소리는 법당
밖으로 나와
물이끼 낀
돌 틈을 돌아 흐른다
너 걸어가는
발걸음 소리에
울컥
멈춰 선다

—「목탁」 전문

이 역시 초기작으로 보이는 짧은 작품인데 두 개의 문장으로 구성되어 있고 아주 단출하다. "나의 소리"는 목탁 소리다. 그 목탁 소리가 "법당/ 밖으로 나와/ 물이끼 낀/ 돌 틈을 돌아 흐"르다가 "너 걸어가는/ 발걸음 소리에/ 울컥/ 멈춰" 선다는 것이다. 절간의 목탁 소리가 주인이 되어 오히려 인간의 발걸음 소리를 듣고 울컥하면서 멈춰 선다는 것인데 이거야말로 의인법의 백미白眉가 아니고 무엇인가!

이러한 경향의 시는 「팬지」「모과꽃」「카톡」 등 여러 편인데 그런 가운데서도 이러한 작품은 다시 한번 나에게 시인 안연옥을 들여다보게 했다.

그 시간에 서울 가는 버스를 탄다고 했지
너를 기다리며 커피도 한잔 마시고
시집도 한 권 읽고 글씨 갈피마다에서
너의 웃음을 끄집어낸다 한 가닥씩
바람이 선들 부는 파밭을 걸어오며
너에게 보여 줄 사진을 찍는다
버려진 자전거도
지다가 수술에 걸린 철쭉 한 송이도
모두가 아픈 모습이지만
아름답다 여섯 시 삼십 분 지금은

—「여섯 시 삼십 분」 전문

얼핏 아무렇지도 않은 듯 읽히는 문장이지만 글쎄 나에게는 조용한 누군가의 승리, 개선凱旋처럼 읽히는 시다. 조각 시간, "서울 가는 버스를 탄다"는 그 조각 시간, "여섯 시 삼십 분" 그 시간의 소중성을 벅찬 느낌으로 받아들이고 있다. 하나의 발견이다. 생명의 유레카. 너와 내가 공유한 그 짧은 시간. 지구 위에서 받은 유일한 축복이고 선물이 어찌 귀하고 아름답지 않을까 보냐.

> 20프로의 수분쯤 될 거 같은 하루다
> 달콤함은 몇 프로면 될까?
> 나의 일상의 달콤함은
> 10프로면 만족이다
> 50프로면 너무 달고
> 100프로면
> 진저리쳐진다
> 나는 10프로의 달콤함을 사랑한다
> 토요일 아침에 늦잠 자고 싶은 마음이
> 그렇다
> 나의 일상
> 팥시루떡이다
>
> —「팥시루떡」 전문

안연옥 씨는 공주 시내에서 음식점과 찻집을 연달아 운영하다가 사업이 기울어 손을 털고 시골로 들어가 떡장수로 나서서 다시금 인생을 일으켜 세운 사람이다. 앞에서도 말한 것처럼 그 땅에서 넘어져 그 땅에서 일어선 사람이다. 어쩐 일인지 나는 떡을 만들고 있는 안연옥 씨가 가장 안연옥 씨답다는 느낌을 갖는다. 사람 냄새가 난다. 의젓하고 당당하고 믿음직스럽다. 그래서 그랬을까. 나는 안연옥 씨가 만드는 떡을 좋아하는 사람 가운데 한 사람이다.

안연옥 씨가 만드는 떡은 어떤 떡이든지 지나치지 않고 모자라지 않아서 좋다. 적당함. 숫자로서 가운데가 아니라 조화로움으로서의 가운데, 중용中庸이 그의 떡에는 있다. 특히 내가 좋아하는 떡은 그녀가 만드는 "팥시루떡"이다. 찹쌀이 아닌 멥쌀로 만드는 떡. 찐득거리지 않아서 좋다. 포실포실해서 좋다. 단맛도 그렇다. 다다분한 맛. 짜릿하게 달지도 않고 밍밍하게 달지도 않은 단맛. 딱 그만큼의 단맛.

아, 그 단맛이 바로 그녀의 인생이었구나. 결국은 떡에서 인생이 나왔고 인생이 떡이 되기도 했구나. 시가 되기도 했구나. 부디 오해 없기를 바란다. 떡이 된 인생, 그것은 망가진 인생을 이르는 수사修辭이지만 여기서는 승화된 인생, 하나로 뭉쳐진 단단한 인생을 말하고 있음이다. 이쯤에서 나는 조용한 쾌재를 갖는다. 그렇지. 내가 기다려 주기를 잘했지. 애당초 이 시인을 가슴에 품기를 잘했지. 그녀는 그렇게 오랫동안 자신의 인생을 지팡이 삼아 시인으로 우리에게로 왔다.

"20프로의 수분"에다가 "일상의 달콤함" "10프로면 만족"인 인생과 시. 50프로도 넘친다. 100프로면 까무러칠 일이다. 이는 자신의 것에 만족할 줄 아는 사람에게만 허락되는 행복이요 깨달음이요 지혜의 세계다. 이만큼 오기까지 어찌 고달픔과 옹이가 없었겠는가. 그러고 보니 그러하네. 시란 것은 옹이에서 상처에서 피어나는 꽃과 같은 것. 이러한 행복과 깨달음과 지혜가 안연옥 시인에게 오래 머물기를 기원한다. 나 여기서 무슨 말을 더 보태랴.

그녀의 시는 오래 참고 기다린 끝에 찾아온 향기와 같다.

화려하고 요란하지 않지만 아담한 향기. 오래도록 변하지 않을 향기. 자취는 없지만 멀리까지 가는 향기. 그 스스로 몸으로 말하는 향기. 그런 향기를 반기는 마음으로 설명 없이 그녀의 또 다른 시 한 편을 옮겨 쓰며 글을 마칠까 한다. 부디 공주 곰나루 어름을 스쳐 지나가는 금강 물에 지는 저녁 햇살 같은 평안이 그녀에게 있기를 빈다.

잘 가라 또 다른 나여
거기서는 거짓도 없이 또 버림도 없이
아슬아슬하지도 않게 그러기를
나에게 떨어져도 행복한
너무 당연한 빛으로 떨어져 뒹구는
가을 내내 바람이 불면 온통 바스러져
내 발아래 부서진 바람에 밟히면서
변덕스럽던 나여
하루는 사랑하고
다음 날은 이별하면서
낙엽 향기로 밟히는 구선왕도고
몇 번씩 손바닥으로 비벼져 만들어진 너를
가슴이 아파도 너를 먹고
나를 보고 내가 놀랐을 때도 너를 먹는다

—「구선왕도고」 전문

* 구선왕도고: 구선왕도고九仙王道糕는 대표적인 약이성 떡으로 멥쌀가루에 볶은 율무가루와 연육, 백복령, 산약, 맥아, 능인, 백변두, 시상 등의 약재 가루를 한데 섞고 설탕물로 내려 찐 떡이다(인터넷 네이버 지식백과).